JE PEUX FAIRE LA DIFFÉRENCE

Tracy Marsh

Broquet

97-B, Montée des Bouleaux, Saint-Constant, Qc, Canada J5A 1A9
Internet : www.broquet.qc.ca Courriel : info@broquet.qc.ca
Tél. : 450 638-3338 Téléc. : 450 638-4338

QU'ATTENDS-TU ?

TU PEUX FAIRE LA DIFFÉRENCE !

Il n'y a pas une minute à perdre. Tu peux commencer dès maintenant à rendre le monde meilleur. Par exemple, en disant quelque chose de gentil à une personne que tu côtoies, ou encore en ramassant des déchets sur le sol pour les déposer dans la poubelle. Même le plus petit geste peut faire la différence.

Faire une différence peut être très amusant. Tu trouveras dans ce livre de nombreuses idées d'activités de financement, mais aussi plusieurs projets amusants, ainsi que plusieurs gestes simples que tu peux faire à l'école ou à la maison, au quotidien, qui s'additionneront pour créer de grands changements !

Tu y apprendras aussi les avantages de faire participer les autres, dont tes amis et les membres de ta famille. Un seul geste peut sembler inutile lorsqu'on souhaite changer le monde. Pourtant, si nous faisons tous ce petit geste, imagine les montagnes que l'on peut déplacer !

Catalogage avant publication de Bibliothèque et Archives nationales du Québec et Bibliothèque et Archives Canada

Marsh, Tracy

Je peux faire la différence

Traduction de: I can make a difference.

ISBN 978-2-89654-068-6

1. Participation sociale - Ouvrages pour la jeunesse.
2. Valeurs sociales - Ouvrages pour la jeunesse. 3. Environnement - Protection - Ouvrages pour la jeunesse. I. Titre.

HM771.M3714 2009   j302'.14   C2008-942210-4

Pour l'aide à la réalisation de son programme éditorial, l'éditeur remercie :
Le gouvernement du Canada par l'entremise du Programme d'aide au développement de l'industrie de l'édition (PADIÉ) ; la Société de développement des entreprises culturelles (SODEC) ; l'Association pour l'exportation du livre canadien (AELC).
Le gouvernement du Québec – Programme de crédit d'impôt pour l'édition de livres – Gestion SODEC.

Titre original en langue anglaise :
I can make a difference
Publié pour la première fois en 2007 par Tracy Marsh Publications Pty Limited
Copyright © 2007 Tracy Marsh Publications Pty Limited

Éditeur : Tracy Marsh
Graphiste : Kel Gibb
Directeur de production : Mick Bagnato

Pour la version en langue française :
Copyright © Broquet inc., Ottawa 2009
Dépôt légal – Bibliothèque et Archives nationales du Québec
1er trimestre 2009

Traduction : Anne-Marie Courtemanche
Révision : Andrée Laprise, Lise Lortie
Infographie : Jean-François Broquet, Josée Fortin

Imprimé en Malaisie
ISBN : 978-2-89654-068-6

Tous droits réservés. Tous droits de traduction totale ou partielle réservés pour tous les pays. La reproduction d'un extrait quelconque de ce livre, par quelque procédé que ce soit, tant électronique que mécanique, en particulier par photocopie, est interdite sans l'autorisation écrite de l'éditeur.

JE PEUX FAIRE LA DIFFÉRENCE EN ENVIRONNEMENT 4

JE PEUX FAIRE LA DIFFÉRENCE DANS MON QUARTIER 22

JE PEUX FAIRE LA DIFFÉRENCE AUPRÈS DE MES AMIS ET DE MA FAMILLE 28

JE PEUX FAIRE LA DIFFÉRENCE AUPRÈS DE CEUX QUI ONT BESOIN D'AIDE 34

JE PEUX FAIRE LA DIFFÉRENCE DANS LE MONDE 44

JE PEUX FAIRE LA DIFFÉRENCE DANS MA VIE 52

JE PEUX FAIRE LA DIFFÉRENCE À L'ÉCOLE 56

CHOISIR UNE ORGANISATION CARITATIVE 62

JE PEUX FAIRE LA DIFFÉRENCE
EN ENVIRONNEMENT

L'environnement, c'est tout ce qui nous entoure : l'air, la terre, l'eau. C'est l'endroit où nous vivons, où nous allons à l'école et où nous jouons. Imagine ce qui arriverait si nous ne pouvions plus aller dehors parce que l'air n'y est pas sain à respirer et l'eau polluée ?

Nous devons tous travailler fort pour que notre environnement ne devienne jamais si malade. Pense seulement à l'énergie que tu utilises, à tout ce que tu peux recycler et de quelle façon tu peux prendre soin des plantes et des animaux qui t'entourent sur la Terre.

Ce qui est le plus merveilleux quand on travaille à améliorer notre environnement, c'est que les plus petits gestes font une différence.

Qu'attends-tu ? Tu peux faire la différence !

J'ai trouvé une planète géniale commandant Gloup, mais elle est déjà habitée !

C'est notre planète… les bonnes planètes sont difficiles à trouver

Au recyclage!
Par où commencer?

Lorsque nous jetons nos ordures à la rue, elles ne disparaissent pas par magie. Elles sont transportées à différents endroits, puis elles sont brûlées, enfouies ou déversées dans l'océan. Tout cela affecte la Terre, bien sûr, mais aussi tous ses habitants. Arrête-toi donc un instant et réfléchis à ce que tu jettes à la poubelle et dans l'évier ou à la toilette.

Est-ce que ça peut être recyclé?

Rappelle-toi, le verre et le papier peuvent entre autres être transformés en nouvelles bouteilles et en journaux.

- Marche ou prends ton vélo pour aller à l'école au lieu de la voiture.
- Recycle tes vêtements – apporte-les dans une friperie ou fais des échanges avec tes amis et amies.
- Utilise le transport en commun ou organise un groupe de covoiturage.
- Ne gaspille pas le papier ; utilise les deux côtés des feuilles avant de les déposer au recyclage.
- N'utilise pas de sacs de plastique ; garde toujours sur toi ton sac d'emplettes réutilisable.
- Recycle le papier, le verre, le métal et le plastique.
- Ne jette pas le matériel informatique et électronique à la poubelle. Donne-le plutôt à des organismes qui peuvent les recycler ou réutiliser les ordinateurs, les téléphones cellulaires, etc.
- Appose une vignette sur ta boîte à lettres pour ne pas recevoir de matériel publicitaire ou de journaux gratuits.
- Organise avec tes amis une corvée de nettoyage de la place ou du parc.

CRÉE TON PROPRE SAC !

Hé ! Où as-tu trouvé ton sac ? Il est génial !

Je l'ai fabriqué. Il est réutilisable et je n'ai maintenant plus besoin des sacs de plastique.

C'est une super idée ! Savais-tu que les sacs de plastique prennent plusieurs centaines d'années à se dégrader ?

C'est fini pour moi ! Je peux t'aider à faire le tien, si tu veux. Tu as besoin d'un rouleau de toile mince de 50 cm de largeur, de la peinture acrylique, d'une aiguille et du fil de couleur crème, d'un petit pinceau, de papier, de crayon, de ciseaux, d'épingles, d'un ruban à mesurer et du carton.

Découpe deux morceaux de toile de 40 cm x 50 cm pour le sac, et deux morceaux de 45 cm x 10 cm pour les courroies.

Replie le tissu aux deux extrémités pour former un bord de 1 cm et couds-le.

Replie le bord sur lui-même et couds-le.

Fais tenir ensemble les deux épaisseurs du sac à l'aide d'épingles. Fais une couture à 1 cm du bord sur les deux côtés, ainsi qu'au bas, à l'aide d'une machine à coudre, et laisse le haut ouvert. Puis termine les côtés avec une couture en zigzag qui procurera une meilleure finition au sac, tout en le solidifiant. Retourne le sac à l'endroit.

Plie les courroies en deux et couds tout au long. Retourne les pour que la couture soit à l'intérieur.

. . . plie les rebords non finis à l'intérieur et couds-les à la main.

Mesure 10 cm au milieu de chaque côté du sac et épingle les courroies à chaque extrémité du 10 cm, puis couds-les à la main à l'intérieur du sac.

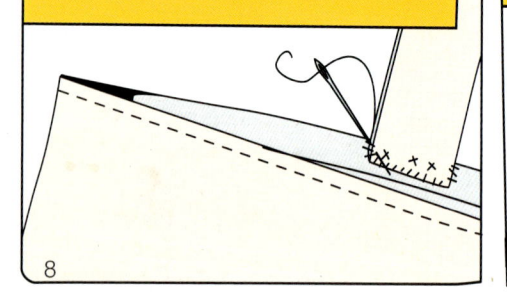

Fais un dessin d'un côté du sac. Découpe un morceau de carton que tu insèreras dans le sac pour empêcher la peinture de passer de l'autre côté.

Tu es maintenant prête à peindre.

Au lieu d'utiliser des sacs de plastique lorsque tu sors magasiner ou faire l'épicerie, prends ton propre sac et montre tes talents à la planète !

Papier maison

Savais-tu que la majorité du papier est fabriquée à partir d'arbres ? Donc, quand tu recycles le papier, tu contribues à sauver des arbres !

Fabriquons notre propre papier !

Super ! Nous pourrons ensuite l'utiliser pour créer d'originales invitations à notre fête pyjama !

Nous pourrions aussi l'utiliser pour créer une carte d'anniversaire pour Sonia ?

C'est une idée géniale ! Comment fait-on ?

Ce dont tu as besoin

Restes de papier ou de papier journal, fouet ou pilon à légumes, eau chaude, grand bol, grande lèchefrite, morceau de moustiquaire (un peu plus petit que la lèchefrite), rouleau à pâtisserie, fer à repasser, papier essuie-tout, linge à vaisselle, carton, colorant alimentaire (facultatif).

Déchire le papier ou le papier journal en petits morceaux. Dépose les morceaux dans un grand bol et recouvre-les d'eau chaude (un adulte peut t'aider pour cette portion du projet). Laisse le papier tremper pendant environ 3 heures.

Lorsque le papier est vraiment détrempé, réduis-le en purée à l'aide du fouet ou du pilon à légumes, jusqu'à ce que tu obtiennes une consistance vraiment molle. Ajoute quelques gouttes de colorant alimentaire si tu souhaites obtenir un papier de couleur.

Verse environ une tasse de pâte de papier (selon la taille de la lèchefrite) dans la lèchefrite.

Trempe le morceau de moustiquaire dans la pâte de papier et soulève lentement pour qu'une certaine quantité du papier mâché y reste collée. Laisse l'eau s'égoutter.

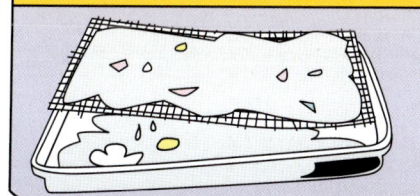

Étends quelques feuilles de papier journal et de l'essuie-tout sur la table. Dépose le moustiquaire sur le papier essuie-tout pour que la pâte de papier y tombe.

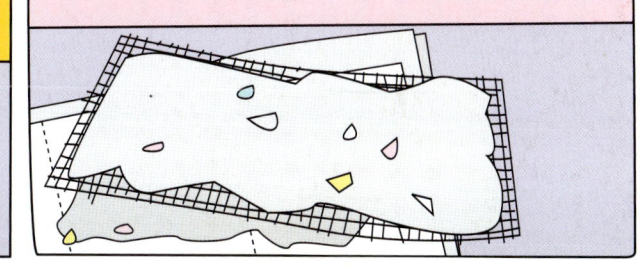

Dépose un deuxième morceau de papier essuie-tout par-dessus, puis ajoute des feuilles de papier journal. Passe le rouleau à pâtisserie sur la surface afin d'en extraire le maximum d'eau.

Transfère les morceaux de papier essuie-tout (contenant la pâte de papier) sur le carton pour toute la nuit.

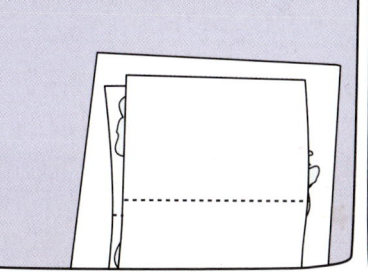

Le lendemain, recouvre le tout d'un linge à vaisselle et aplanis la surface à l'aide d'un fer à repasser chaud (demande à un adulte de t'aider).

Tu peux maintenant utiliser ton papier recyclé unique pour créer tes invitations !

action océan

- Regarde, on dirait une fête !
- Tous ces ballons colorés sont vraiment jolis.

POP !

- Ne mange pas ça ! On dirait un morceau de méduse ou une plante, mais c'est un morceau de ballon qui a éclaté. Tu vas t'étouffer si tu le manges.
- C'est vrai ? Ce n'est pas rassurant !
- Des tas d'oiseaux, de tortues et de poissons comme nous meurent parce qu'ils ont mangé par mégarde des déchets comme des ballons ou des sacs de plastique.
- Si tu veux que les animaux soient en sécurité, mets toujours tes déchets à la poubelle lorsque tu vas à la plage, et si tu ne trouves pas de poubelle, rapporte-les chez toi pour les jeter. De cette façon, les animaux comme nous seront en sécurité, et quand tu viendras dans notre coin, tu trouveras un environnement propre et sécuritaire.

Les poissons et beaucoup d'autres créatures vivent et jouent dans les océans et dans les cours d'eau du monde, tout comme nous sur la terre ferme. Par contre, dans le fond des cours d'eau, il n'y a pas de collecte d'ordures. C'est donc à nous de garder cet environnement propre et sain pour eux.

Économie d'énergie. Par où commencer?

Remplace les vieilles ampoules par des ampoules fluocompactes. Elles durent plus longtemps et consomment moins d'énergie.

Garde la porte du réfrigérateur fermée.

Ferme les rideaux et les stores lors des journées chaudes pour garder la maison plus fraîche.

Éteins les lumières lorsque tu quittes une pièce.

Ferme bien les robinets pour éviter le goutte-à-goutte.

Ne laisse pas le téléviseur et l'ordinateur allumés lorsque tu ne les utilises pas.

Dans la maison, habille-toi plus chaudement au lieu de monter le chauffage.

Utilise un ventilateur pour remplacer la climatisation – encore mieux, va te baigner!

ACCROCHE-MOI

Les portes sont des endroits parfaits pour passer des messages, puisque tout le monde doit s'en servir pour entrer et sortir. Fabrique des affichettes de porte qui serviront de rappels pour économiser l'énergie.

Ce dont tu as besoin
- Carton épais
- Crayons, ciseaux et règle
- Grand verre
- Grosse pièce de monnaie
- Papier de couleur
- Marqueurs de couleur

Dessine le contour du verre sur le carton épais.

À l'aide de la pièce de monnaie, dessine un plus petit cercle à l'intérieur du grand.

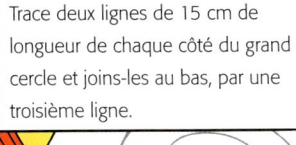

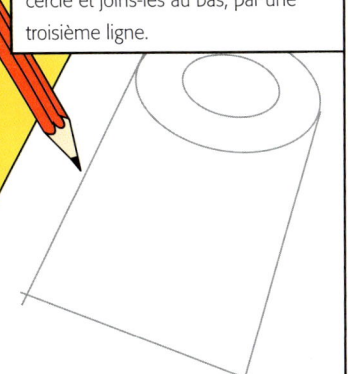

Trace deux lignes de 15 cm de longueur de chaque côté du grand cercle et joins-les au bas, par une troisième ligne.

Termine le traçage de ton affichette avec deux courbes comme celles-ci. Tu peux maintenant la découper. Cette première affichette peut te servir de modèle pour en tracer d'autres.

Utilise du papier de couleur, des copies des graphiques de la page 63 et des marqueurs de couleur pour décorer tes affichettes de porte et faire passer ton message.

Lorsqu'il se repose... on économise de l'énergie.

On y va mollo sur le papier hygiénique !

N'en perds pas une goutte ! Vérifie les robinets !

Merci d'éteindre la lumière.

Protéger la Terre.

Économise l'eau !
Prends de courtes douches.

Par où commencer ?

Deviens ton propre chien de garde de l'énergie à la maison.

Plante un arbre pour obtenir de l'ombre et de l'air frais.

Ne jette jamais tes déchets ailleurs que dans une poubelle.

Vas-y mollo sur le papier hygiénique.

Trie les matières recyclables.

Commence à faire du compost.

Démarre un centre d'élevage de vers de terre.

Fais pousser tes légumes.

15

Les arbres et les plantes, c'est génial !

Les plantes intérieures contribuent à la détente.

Offrez un arbre en cadeau.

Les oiseaux et les abeilles les adorent !

Tu peux les manger.

Ils peuvent être une source intarissable de plaisir.

Les arbres nettoient l'air que nous respirons.

Ils sont magnifiques !

Passe le mot !

Prépare des sachets de semences à donner ou à vendre, au profit d'un organisme. Non seulement tu aideras l'environnement en encourageant les gens à planter davantage de semences, mais tu apprendras beaucoup sur la nature, tout en amassant des fonds pour ton organisme caritatif préféré.

Achète des semences de fleurs ou de légumes, par exemple des tournesols, des soucis, des capucines, des citrouilles ou tout autre type de plante dont les graines sont faciles à recueillir. Plante tes semences et regarde-les croître. Lorsque tes légumes ont mûri et sont prêts à être dégustés, coupe-les et retires-en les graines. Laisse-les sécher sur un papier essuie-tout.

Si tu as planté des graines de fleurs, attends que les fleurs meurent et que les gousses aient séché. Coupe les fleurs séchées et retires-en les graines.

Tu peux maintenant préparer des sachets décorés pour tes semences.

Ce dont tu as besoin
Graines (semences)
Petites enveloppes de papier
Marqueurs de couleur

Dessine tes propres étiquettes pour semences au-devant des enveloppes, ou prépare-les à l'ordinateur, imprime-les et colle-les. N'oublie pas d'inclure les instructions sur la façon de planter les semences et la période de l'année à laquelle elles doivent être plantées, et un dessin ou une photo de la fleur ou du légume qui poussera.

Prendre soin des animaux

Découvre les animaux indigènes de ta région. S'agit-il d'espèces en voie de disparition ?

Promène ton chien.

Donne à tes animaux la nourriture dont ils ont besoin. Certains aliments que nous mangeons peuvent les rendre malades.

Installe un bain d'oiseaux dans ton jardin ou sur ton balcon.

Téléphone au refuge d'animaux de ta localité et demande-leur ce dont ils ont besoin : nourriture pour animaux, vieilles couvertures, papier déchiqueté, jouets ou encore, du temps !

Adopte un animal d'un refuge.

Inscris-toi à un club d'observation d'oiseaux, ou trouve un livre sur les oiseaux de ta région qui te permettra de les reconnaître.

Fais plaisir à une poule : achète des œufs de poules élevées en liberté.

Joue avec tes animaux.

Visite un parc national pour mieux apprécier la nature qui t'entoure.

Savais-tu que la présence de grenouilles indique un environnement sain ? S'il y a des grenouilles, tout va bien.

Par où commencer ?

Ribbit ! Je suis une rainette aux yeux rouges. J'adore les étangs et les rivières propres. Je n'aime pas du tout l'eau sale et polluée. Je suis une espèce en voie de disparition. Aide-moi : ne jette pas de déchets dans ma maison.

Veille à ce que tes animaux portent toujours leur identification.

Adopte un animal de zoo.

Si tu découvres un animal perdu ou blessé, avise les autorités. N'essaie pas de le sauver toi-même. Un animal apeuré peut mordre.

Fais stériliser tes animaux.

DÉLICES POUR TOUTOU

Fais plaisir à un chiot du refuge de ta localité en lui offrant un de ces délices pour toutou des plus savoureux. Ils sont très simples à apprêter et te permettront de te faire un nouvel ami, c'est garanti !

Bouchées au fromage pour chiots

1 ¾ tasse (425 ml) cheddar râpé
½ tasse (125 ml) margarine
1 ½ tasse (375 ml) farine

Bien mélanger le fromage avec la margarine et la farine jusqu'à consistance crémeuse.

Former deux billots d'environ 5 cm d'épaisseur, puis les déposer au réfrigérateur.

Couper en tranches de 2 cm ou, à l'aide d'un emporte-pièce, créer des formes amusantes, puis déposer le tout sur une tôle à biscuits graissée.

Faire cuire au four à 375 °F (190 °C) pendant environ 15 minutes, ou jusqu'à ce que les bouchées soient légèrement brunes et fermes.

Os au beurre d'arachides

2 tasses (500 ml) farine
1 c. à soupe (15 ml) levure chimique
1 tasse (250 ml) beurre d'arachides crémeux
1 tasse (250 ml) lait écrémé

Préchauffer le four à 375 °F (190 °C).

Dans un bol, combiner la farine et la levure. Dans un autre bol, combiner le beurre d'arachides et le lait.

Ajouter les ingrédients humides aux ingrédients secs et bien mélanger.

Pétrir la pâte sur une surface légèrement enfarinée, et rouler à une épaisseur de 2 cm, puis découper en forme d'os.

Déposer les os sur une tôle à biscuits graissée et faire cuire pendant 20 minutes, ou jusqu'à ce qu'ils soient légèrement brunis. Laisser refroidir sur une grille, puis ranger dans un contenant hermétique.

RESTO POUR OISEAUX

Mangeoire à oiseaux
Ce dont tu as besoin :
Carton de lait ou de jus vide
Bâtonnets de bois
Colle
Peinture acrylique
Goujon pour perchoir
Graines pour les oiseaux
Ficelle

Lave bien le carton, puis découpe deux fenêtres sur les côtés opposés. Colle les deux côtés de l'ouverture du haut et laisse complètement sécher.

— Je suis épuisé après ce long vol.

— Moi aussi ! Heureusement que nous avons trouvé ce nouveau restaurant !

Perce un trou dans la portion supérieure du carton et noue une ficelle qui te permettra de l'accrocher. Colle les bâtonnets de bois pour créer un toit.

Décore l'extérieur avec de la peinture acrylique.

Pour créer le perchoir, perce des trous sous les fenêtres et glisse le goujon dans les trous. Remplis le fond de la mangeoire de graines pour oiseaux.

Suspends la mangeoire sous un arbre ou une véranda et observe les oiseaux venir manger à ce nouveau restaurant !

— Et le dessert ?

Gâteries suspendues pour oiseaux
Ce dont tu as besoin
Tranches de pain blanc
Emporte-pièce
Ficelle
Beurre d'arachides
Graines pour les oiseaux

À l'aide de l'emporte-pièce, découpe des formes dans les tranches de pain blanc. Si tu n'as pas d'emporte-pièce, tu peux découper les formes à l'aide d'un couteau à beurre. Perce un trou dans les formes découpées, enfile une longue ficelle et noue les deux extrémités ensemble.

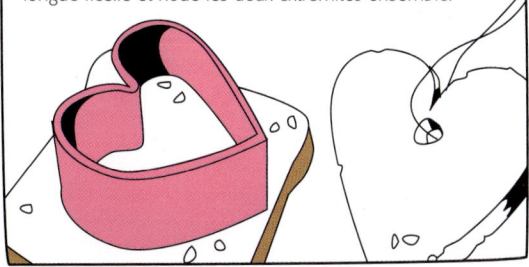

Laisse les formes de pain reposer pendant au moins une journée. Elles deviendront sèches et raides. Verse des graines pour oiseaux dans une assiette. Tartine un côté de chaque forme de pain de beurre d'arachides, retourne chaque forme et trempe-la dans les graines pour oiseaux, de manière à ce qu'elles collent au beurre d'arachides. Répète l'opération pour chaque forme. Suspends tes gâteries pour oiseaux à un arbre et observe bien : les oiseaux s'en délecteront !

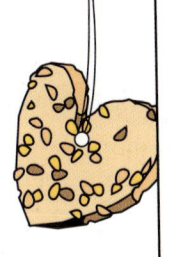

21

JE PEUX FAIRE LA DIFFÉRENCE DANS MON QUARTIER

Vis-tu dans une petite ville, à la campagne ou dans une grande métropole ?

Chacun d'entre nous vit dans un quartier différent. On y retrouve des adultes, des personnes âgées, des bébés et des enfants comme toi.

Ensemble, vous constituez une communauté.

Alors, pourquoi ne pas sortir de chez toi pour rencontrer les gens avec qui tu vis ?

Tu peux faire la différence !

Par où commencer ?

Nettoie des graffitis sur les murs de bâtiments de ton quartier.

Râtelle les feuilles qui se trouvent sur l'allée piétonne.

Propose tes services de gardiennage gratuitement.

Achète des produits locaux.

Aide une personne âgée à transporter ses sacs d'épicerie.

Prépare une boîte de biscuits pour les pompiers ou les policiers de ta communauté, avec un petit mot de remerciement.

Mets la poubelle de ton voisin à la rue pour la collecte des ordures ménagères.

Présente-toi à tes nouveaux voisins.

23

Pourquoi ne pas te faire un vieil ami? Assieds-toi avec une personne âgée pour discuter avec elle. Tu seras surpris de tout ce qu'elle a à te raconter.

Band de garage

— Bonjour, M. D. Avez-vous besoin d'aide ?

— Bonjour Mathieu, ton aide serait bien appréciée ! Merci ! Je nettoie mon garage de tous les objets inutiles que j'y ai accumulés.

— Je vais vous aider, si vous voulez.

— Wow, Monsieur D., vous avez une superbe batterie !

— Je ne l'avais pas vue depuis des années ! Mon fils faisait partie d'un groupe. Je crois qu'on pourrait la nettoyer et resserrer les peaux.

— Qui aurait dit que de donner un coup de main me transformerait en rock star ?

LES GARS DE GARAGE

Dis bonjour à tes voisins

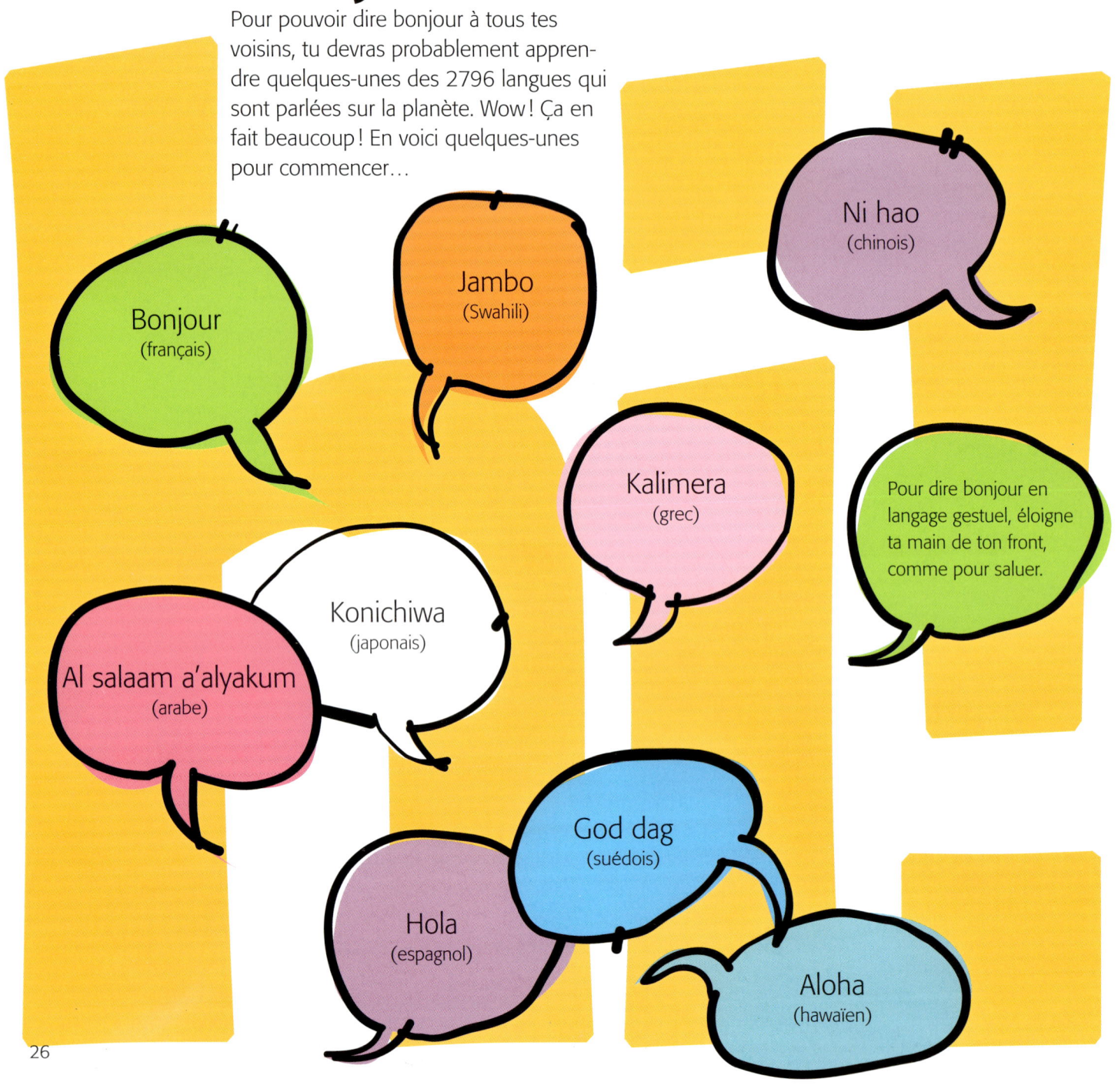

Pour pouvoir dire bonjour à tous tes voisins, tu devras probablement apprendre quelques-unes des 2796 langues qui sont parlées sur la planète. Wow! Ça en fait beaucoup! En voici quelques-unes pour commencer…

Bonjour (français)

Jambo (Swahili)

Ni hao (chinois)

Kalimera (grec)

Pour dire bonjour en langage gestuel, éloigne ta main de ton front, comme pour saluer.

Konichiwa (japonais)

Al salaam a'alyakum (arabe)

God dag (suédois)

Hola (espagnol)

Aloha (hawaïen)

Le sourire est un langage universel !

JE PEUX FAIRE LA DIFFÉRENCE AUPRÈS DE MES AMIS ET DE MA FAMILLE

Tu peux aider des gens partout dans le monde. Mais qu'en est-il de ceux qui sont proches de toi : tes amis et ta famille ? Il est important de montrer à tes amis les plus proches, à tes frères et sœurs, ainsi qu'à tes parents à quel point ils occupent une place spéciale dans ta vie et dans ton cœur. Quelques minutes suffiront... alors qu'une amitié peut durer toute une vie !

Qu'attends-tu ? Tu peux faire la différence !

Par où commencer ?

- Dis à ta famille pourquoi tu l'aimes.
- Dresse une liste des anniversaires de tes amis et des membres de ta famille.
- Envoie une carte postale à un ami ou une amie.
- Fais-toi de nouveaux amis.
- Serre dans tes bras une personne que tu aimes.
- Fais parvenir un courriel à quelqu'un que tu ne vois pas souvent.
- Essaie d'être gentil ou gentille avec tes frères et sœurs.
- Fais un geste gentil pour un ami ou une amie.
- Surprends une personne proche en lui préparant le petit déjeuner au lit.
- Écris une blague ou un petit mot et cache-le là où ton ami ou amie le ou la trouvera.
- Commence un album de ta famille et de tes amis.

Pourquoi l'œuf a-t-il traversé la rue ?

Parce qu'il était encore à l'intérieur de la poule !

Quel est le cheval préféré des vampires ?

Le pur-sang !

Pourquoi les sorcières volent-elles sur des balais ?

Parce que les aspirateurs sont trop lourds !

FAIRE RIRE QUELQU'UN EN LUI RACONTANT UNE BONNE BLAGUE !

Qu'est-ce qui est blanc, noir, blanc, noir, blanc, noir, blanc, noir ?

Une bonne sœur qui fait des culbutes.

Pourquoi les flamants roses lèvent-ils une patte quand ils dorment ?

Parce que s'ils levaient les deux, ils tomberaient !

Je commence par un « e », je termine par un « e » et je contiens une lettre. Qui suis-je ?

Une enveloppe.

HA

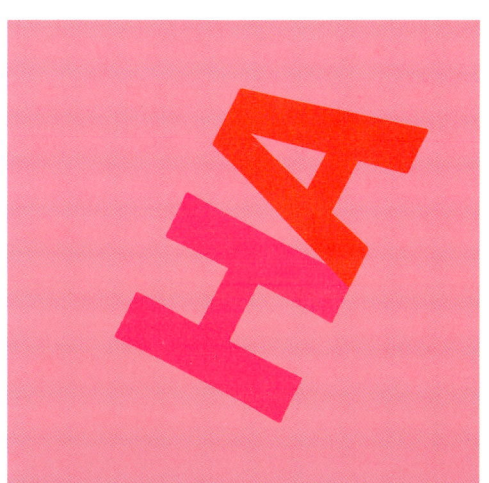

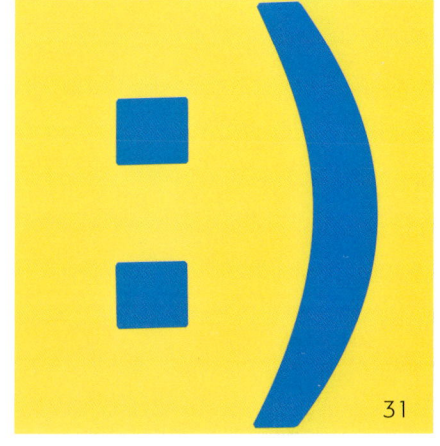

RIRES!

:)

COUPONS-CADEAUX

Les coupons-cadeaux sont des présents extraordinaires pour tes amis et ta famille.

Tu peux les créer sur ton ordinateur ou à la main.

Coupe une feuille de papier en quatre morceaux égaux afin de créer quatre coupons. Détermine ce que tu souhaites offrir par l'entreprise de chaque coupon-cadeau, et à qui tu désires l'offrir.

Tu peux en fabriquer autant que tu le désires et les agrafer ensemble. Voici quelques idées pour te donner un petit coup de pouce.

À : Maman
Échangeable contre un massage de pieds

- Un lavage de voiture
- Un nettoyage de ma chambre
- Faire les lits
- Un prêt de ma jupe préférée
- Apporter les poubelles à la rue pour la collecte des déchets
- Une séance d'écoute attentive
- Un câlin
- De l'aide pour tes devoirs
- Nourrir le chien
- Une mise en plis
- De la bonne humeur pendant une semaine
- Promener le chien
- Une journée de congé
- Un entraînement de football
- Un petit déjeuner au lit
- Laver la vaisselle

Le dilemme d'Emma
Salut ! Tu as vu, ce nouveau film qui a l'air si *cool* est à l'affiche au cinéma cet après-midi. Allons-y !
Je ne peux pas. Je dois aller aider ma mère à la maison. Il faut que je fasse le ménage de ma chambre.
Pauvre toi !
Tant pis, ciao ! On se revoit à l'école.
Dommage qu'Emma doive manquer cette sortie au cinéma.
Pourquoi ne pas lui donner un coup de main ? Il reste une heure avant le début de la représentation. Si nous l'aidons tous, sa chambre sera nettoyée en un rien de temps.
Surprise !
Brrrrrrrrr !
Presque terminé ! Merci les filles, il nous reste tout juste le temps pour se rendre au cinéma.
D'autre maïs soufflé, s'il vous plaît !

JE PEUX FAIRE LA DIFFÉRENCE
AUPRÈS DE CEUX QUI ONT BESOIN D'AIDE

Il existe beaucoup d'enfants, d'adultes et de personnes âgées dans ta communauté, dans ton pays et dans d'autres pays lointains qui ont besoin de ton aide. Certaines de ces personnes sont pauvres, certaines sont malades ; d'autres n'ont même pas de maison. Que ces personnes soient à quelques maisons de chez toi ou à l'autre bout du monde, il existe des moyens pour les aider.

Qu'attends-tu ? Tu peux faire la différence !

Par où commencer ?

Ramasse des aliments en conserve pour les donner à un organisme de ta localité.

Commandite un enfant qui vit outre-mer.

Deviens bénévole dans une soupe populaire.

Deviens correspondant ou correspondante d'une personne vivant dans un autre pays.

Amasse de la petite monnaie pour une bonne cause.

Organise une vente de débarras communautaire dans ton quartier et amasse des fonds pour une organisation caritative.

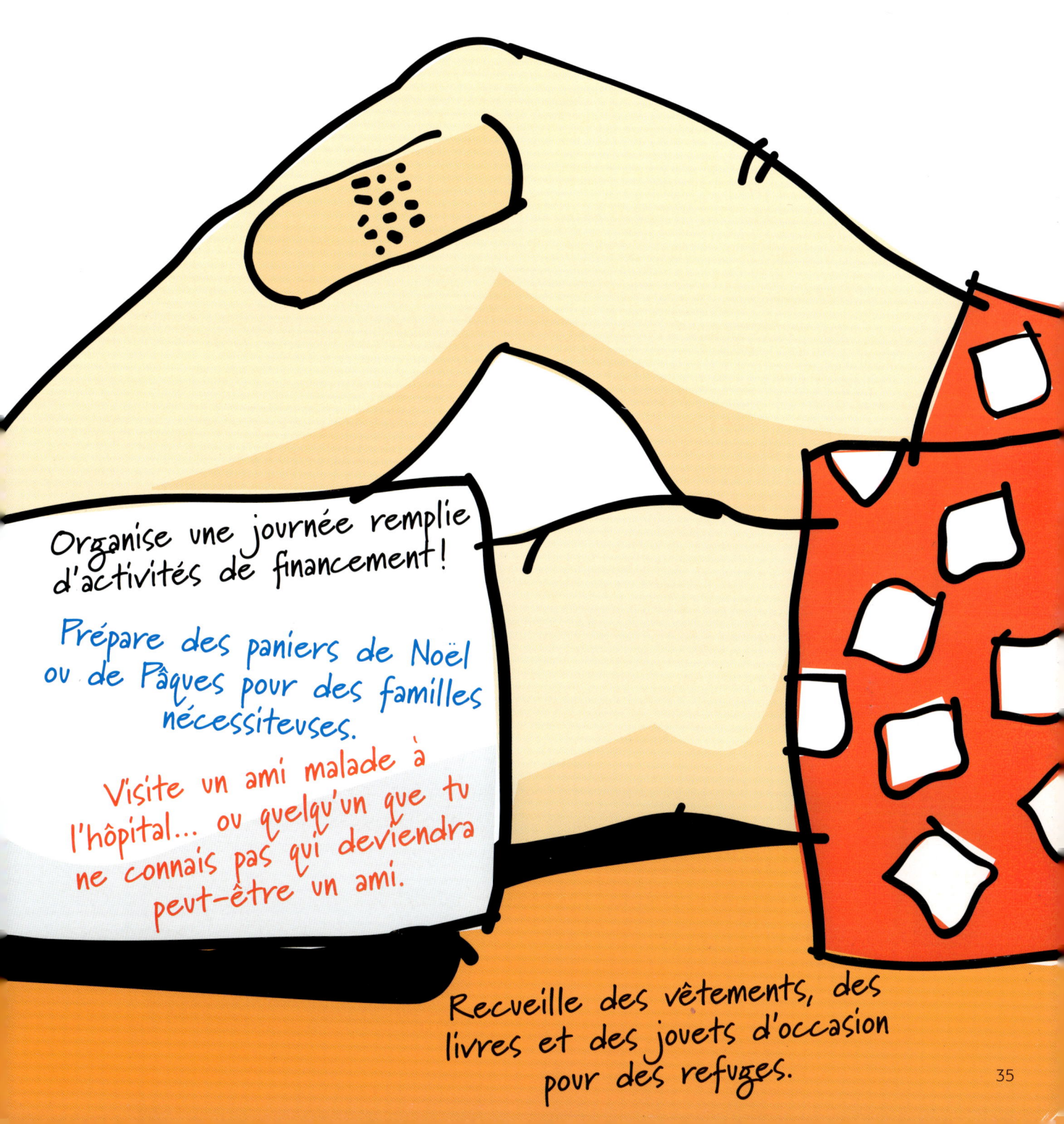

Organise une journée remplie d'activités de financement!

Prépare des paniers de Noël ou de Pâques pour des familles nécessiteuses.

Visite un ami malade à l'hôpital... ou quelqu'un que tu ne connais pas qui deviendra peut-être un ami.

Recueille des vêtements, des livres et des jouets d'occasion pour des refuges.

Une journée de plaisir !

Organise une journée d'activités avec tes amis qui te permettra d'amasser des fonds pour ceux qui ont besoin d'un coup de pouce !

Tu peux choisir une seule activité et organiser ton événement dans la maison, ou à l'avant de ta maison, selon l'activité choisie. Ou encore, rassemble un groupe de compagnons – ou les élèves de ta classe – pour réaliser une pléiade d'activités et invite tes parents et amis à ta journée de plaisir !

Il y a tant de choses à faire ! Voici seulement quelques suggestions pour réaliser une journée de plaisir inoubliable. Et pendant que tu prépares des muffins ou que tu démontres ta force, tu pourras aussi aider les autres.

Organise une danse !

Lave-auto

Devine le nombre de sucettes dans le pot.

Un kiosque d'artisanat

Maquillages

Saucisses grillées

Organise une compétition de karaoké.

Kiosque de muffins maison

Pige dans le sac.

Vente d'articles d'occasion : recueille des vieux jouets et livres pour les revendre.

Organise un défilé d'animaux.

37

Chaussettes surprises !

Voici une activité qui peut être organisée dans le cadre d'une journée de plaisir. C'est simple à organiser, et tu peux demander à tes amis, à ta famille et à ton voisinage de donner des prix.

Ce dont tu as besoin :

Une pile de chaussettes de différentes couleurs.
(P.-S. Pas de vieilles chaussettes sales ! Assure-toi qu'elles sont propres !)

Chaque chaussette doit avoir un numéro que tu inscris sur un morceau de papier

Une corde à linge ou une corde accrochée à deux poteaux.

Épingles à linge

Prix assortis

Dépose un numéro différent à l'intérieur de chaque chaussette. Chaque numéro doit correspondre à un prix.

Ensuite, accroche à la corde tes chaussettes de couleur (plus les couleurs sont vives, mieux c'est !).

Si tes prix sont suffisamment petits, par exemple de petits jouets, du chocolat ou des jeux, tu peux même les glisser à l'intérieur des chaussettes.

Jouez, jouez ! C'est le moment de vendre les chaussettes et de faire découvrir les surprises qu'elles dissimulent.

Tching !

Chasse au trésor des pirates

Fabrique des drapeaux et accroche-les un peu partout ; à la corde à linge, à des arbres ou à des poteaux.

Utilise de la corde solide et colle ou agrafe des triangles ou des carrés faits de papier, de plastique souple ou de tissu.

Propose aux participants de creuser pour retrouver le trésor perdu à ce kiosque, dans le cadre de ta journée de plaisir.

Ce dont tu as besoin

Seaux ou bacs
Sable
Balles de ping-pong
Prix assortis

Inscris un chiffre ou un nombre différent sur chaque balle de ping-pong et dissimule-les dans le sable.

Puis, en échange d'un certain montant, laisse les gens creuser pour trouver une balle de ping-pong et réclamer leur prix.

N'oublie pas de faire la promotion de ton kiosque. Prépare une enseigne et déguise-toi en pirate.

Les cheveux en pagaille
Je m'ennuiiiiiiiiiiie. Il n'y a rien à faire cet après-midi.
Viens, je te propose de te faire une nouvelle tête.
Teignons nos cheveux en vert !
Ça ferait tout un tabac à l'école.
Ma mère ne me le pardonnerait jamais.
Je sais comment faire. On peut utiliser un aérosol vert lavable. Et on ajoute du gel pour créer des pics !
Génial !
Hé, pourquoi ne pas installer un kiosque et coiffer les gens pour recueillir des fonds ?
Qui voudrait nous donner de l'argent pour les coiffer ?
Je crois que si l'argent est remis à une organisation caritative, comme un orphelinat, on pourrait trouver preneurs !
D'accord. Gel, pinces pour les cheveux et aérosol pour les cheveux de toutes les couleurs.
Cette boutique vendait une myriade de produits à rabais.
Mon professeur m'a donné des informations à propos d'une école en Afrique à laquelle nous pourrions faire parvenir les sommes amassées.
Nous voilà presque en affaires !
Que faites-vous ?
Nous amassons des fonds pour une école en Afrique dont les élèves n'ont pas de livres et de crayons.
C'est une idée géniale ! Est-ce que tu peux me coiffer ? Nous allons à une fête ce soir, j'aimerais beaucoup que ma coiffure soit complètement *funky* !
Tu parles de la fête chez Sarah ? Nous y allons aussi !

Pendant ce temps, à la fête…

Rien n'est plus *cool* ! Nous avons coiffé des *stars* et avons amassé beaucoup d'argent pour cette école. En plus, nous nous sommes faits un tas de nouveaux amis !

TRICOTE UN CHAPEAU

Comment se fait-il que tu n'aies pas de cheveux? Ta mère te laisse te raser les cheveux?

C'est très *cool* comme *look*!

Non, j'ai un cancer. Quand j'ai reçu des traitements de chimiothérapie pour guérir le cancer, j'ai perdu mes cheveux.

Par contre, c'est pas chaud en hiver!

Apprends à tricoter (si tu ne le sais pas) et confectionne des chapeaux pour les personnes atteintes de cancer. Communique avec l'hôpital de ta communauté. On t'indiquera où les apporter.

Si tu veux tricoter une tuque pour la tête d'un enfant (54 cm), tu auras besoin de 4 pelotes de grosse laine. Pour un adulte (57 cm), tu auras besoin de 5 pelotes de grosse laine.

Tu auras aussi besoin d'aiguilles de 10 mm (ou le diamètre requis pour atteindre la bonne tension) et une aiguille à laine pour coudre les coutures ensemble. Monte 50 (54) mailles.

Ce tricot à la main a été conçu à une tension de 11 mailles et 20 rangs à 10 cm sur point de mousse, avec des aiguilles de 10 mm.

Pour vérifier ta tension, monte 17 mailles. Tricote 30 rangs de point de mousse. Ferme lâchement les mailles.

Il te faut connaître ces abréviations et termes :

pt de mousse = succession de mailles à l'endroit ;
pt = point(s) ; m. = maille(s).

Commençons maintenant à tricoter !

En utilisant les aiguilles de 10 mm, monter 50 (54) m.

Tricote des points de mousse sur 22 (24) cm.

Coupe le brin, pour laisser une longueur de 30 cm. Enfile une aiguille à laine sur ce long brin et passe-la au travers des mailles, en faisant glisser les mailles au fur et à mesure que tu progresses. Tire fermement sur l'extrémité (pour que le dessus de la tuque soit assemblé) et fixe solidement.

Pour créer la tuque, joins la couture arrière et replie le bord sur 3 cm. Couds vers l'intérieur pour dissimuler les extrémités.

CÂLINEURS

Ils sont mignons et doux. En plus, ils peuvent tenir de petits messages à offrir à ceux que tu aimes ! Tu peux les offrir, ou encore les vendre et recueillir de l'argent pour une organisation caritative. Tu peux les faire aussi petits que le modèle rose, et aussi gros qu'un coussin !

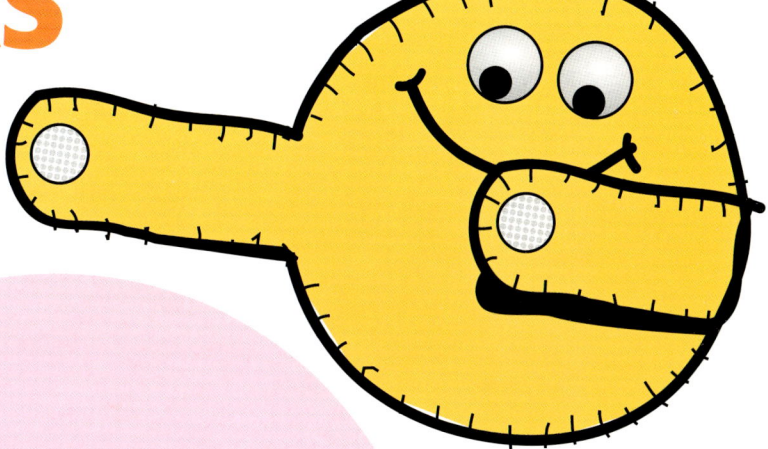

Ce dont tu as besoin

Feutre
Fil et aiguille à coudre
Bourrure
Yeux de feutre ou autres
Marqueur noir
Pastilles de velcro
Colle à tissu
Crayon et ciseau

Trace le modèle rose sur une feuille. Utilise ce modèle pour découper deux morceaux de feutre. Couds à la main le contour pour joindre les deux morceaux. Rembourre légèrement ton câlineur avant de terminer la couture.

Colle les yeux et dessine la bouche à l'aide d'un marqueur noir.

Colle une pastille de velcro sur le dessus d'un bras et la deuxième à l'endos de l'autre bras. Replie les bras l'un sur l'autre pour qu'il puisse faire des câlins !

Note : Ne conviens pas aux enfants de moins de 3 ans.

JE PEUX FAIRE LA DIFFÉRENCE DANS LE MONDE

Dans le monde, on retrouve guerre, famine, pauvreté et violence. Parfois, ces horribles situations sont ignorées. Dans d'autres cas, nous sommes trop occupés pour y penser.

Tu peux faire la différence en sensibilisant les gens qui t'entourent et en les encourageant à t'aider à rendre le monde meilleur.

Tu peux y participer de milliers de façons. Tu peux même le faire en t'informant sur les enjeux qui touchent les peuples de l'autre bout de la planète, comme les différences culturelles, politiques et religieuses. Plusieurs enjeux, comme le réchauffement planétaire et la pollution, nous affectent aussi dans notre portion du monde.

Qu'attends-tu ? Tu peux faire la différence !

Grâce à des gens qui ont choisi de faire une différence dans le monde, mon village a maintenant de l'eau potable et moi, je peux lire des livres.

Par où commencer?

Communique avec des entreprises de ta localité pour obtenir leur appui.

Trouve-toi un correspondant ou une correspondante dans un autre pays afin d'en apprendre plus sur son mode de vie.

SENSIBIL

Partage ton point de vue. Écris une lettre ou un courriel à ceux qui, à ton avis, n'en font pas assez pour améliorer les choses.

Obtiens de la visibilité auprès des médias si ton école ou toi faites des gestes concrets pour changer le monde. Communique avec le responsable ton journal et demande qu'on en parle. Ainsi, tu feras réfléchir ta communauté à propos de ton geste.

Communique avec les responsables des émissions télévisées pour leur proposer des sujets de reportage et d'entrevue.

ISATION

Crée ton propre site Web afin d'expliquer comment tes amis et toi faites la différence.

Écris à ton député si tu crois que le gouvernement devrait faire sa part face à une problématique précise.

Consulte les sites Web qui ont choisi de faire la différence. Certaines entreprises donnent de l'argent à des organismes caritatifs qui travaillent pour la santé des enfants, l'alphabétisation ou la famine dans le monde, lorsque tu cliques sur le lien qui mène à leur site.

UN GESTE DE SENSIBILISATION

Un bon moyen de sensibiliser davantage les gens qui t'entourent face à ce qui se produit dans le monde est de te vêtir de signes sensibilisation. Tu peux décorer des t-shirts, des insignes ou même des cordons à l'aide d'un message ou d'un logo. Fabriques-en pour toi, mais aussi pour tes amis et pour ta famille.

Laisse aller ton imagination ! Tu ne manqueras pas d'idées ! Tu peux décorer des tasses, créer un mobile, des cartes, des affiches et même des aimants pour le réfrigérateur.

Si tu portes tes articles de sensibilisation ou si tu les vends au profit d'un organisme caritatif, tout le monde en parlera autour de toi et tu feras une grande différence.

Tu peux tracer, numériser ou photocopier les graphiques de la page 63, ou créer tes propres dessins.

Recycle tes appareils technologiques
Souriez !
De petits gestes… une grande différence !
JE PEUX FAIRE LA DIFFÉRENCE
JE PEUX FAIRE
LA DIFFÉRENCE
FAIRE LA

PASSE LE MOT!

Tasses
Avec de la peinture à céramique lavable, peins le logo sur des tasses blanches. Tu trouveras ce type de peinture dans les boutiques d'art et d'artisanat. Ou encore, réduis le transfert de la page 64 et imprime-le sur du papier à report pour la céramique. Veille à respecter les instructions du fabricant et imprime-le sur des tasses.

T-shirts
Tu auras besoin d'un t-shirt blanc uni, de papier pour décalque au fer chaud, d'un ordinateur, d'un numériseur, d'une imprimante couleur et d'un fer à repasser. Numérise le transfert de la page 64.
Observe les instructions du fabricant pour l'imprimer sur le papier spécial pour décalque au fer chaud.
Passe le fer sur le transfert une fois qu'il est bien positionné sur le devant du t-shirt et porte-le en toute fierté!

Mobile
Découpe quatre cercles dans du carton épais. Ensuite, trace ou photocopie un graphique (page 63) de chaque côté de chaque cercle, découpe un trou au haut du cercle et noue une ficelle fine. Attache les ficelles aux extrémités d'un «x» réalisé avec deux bandes de carton épais ou à l'aide de deux bâtons, puis suspends ton mobile à l'aide d'une autre ficelle.

Cordons
Confectionne des cordons plats pour tous tes amis. Sur un cordon plat et large d'un mètre de longueur, couds ou colle une pince au point où les deux extrémités sont jointes, et écris JE PEUX FAIRE LA DIFFÉRENCE à l'aide de peinture dimensionnelle ou d'un marqueur sur toute la longueur de ruban.

Insignes et aimants pour le frigo

Utilise de la mousse à découper, du carton de couleur ou les graphiques de la page 63 pour créer des insignes et des aimants pour le frigo. La seule différence entre les deux articles est la suivante : afin de créer un aimant pour le frigo, tu dois coller un aimant au dos de ton graphique ou de ton dessin, alors que si tu décides de créer un insigne ou un macaron, tu dois fixer une épingle de sûreté à l'endos.

Signets et cartes de souhaits

Utilise du carton blanc, du papier de couleur et des graphiques pour créer des signets, des cartes et des étiquettes. Tu peux les offrir, ou encore les vendre et recueillir de l'argent pour une organisation caritative.

Affiches

Une affiche est un excellent moyen de faire réfléchir les gens, et de susciter des discussions sur les manières de faire une différence dans le monde.
Peins de grands logos sur du carton pour affiche ou utilise les graphiques en guise d'inspiration.

JE PEUX FAIRE LA DIFFÉRENCE DANS MA VIE

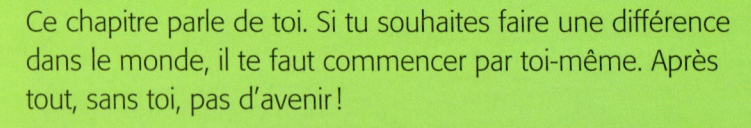

Ce chapitre parle de toi. Si tu souhaites faire une différence dans le monde, il te faut commencer par toi-même. Après tout, sans toi, pas d'avenir !

Sois indulgent ou indulgente avec toi-même. À quoi es-tu bon ou bonne ? Lire ? Courir ? Te faire de nouveaux amis ? Cuisiner ? Chacun de nous possède un talent spécial. Quel est le tien ? Applique-toi à faire ce en quoi tu es bon ou bonne puisque tu auras toujours du plaisir à le faire !

Tu dois aussi prendre grand soin de ton corps. Il doit durer très longtemps !

Qu'attends-tu ? Tu peux faire la différence !

Par où commencer?

- Regarde moins la télé.
- Chaque jour, fais un compliment à quelqu'un.
- Mange des aliments sains!
- Ton cerveau a surtout besoin de jeux et d'exercices. Lis des livres, fais des casse-tête ou des dessins.
- Porte toujours de l'équipement de sécurité, lorsque tu pratiques des activités comme le patin ou la bicyclette.
- Chaque jour, fais une activité physique.
- Dors toujours assez.
- Bois beaucoup d'eau.

JE PEUX FAIRE LA DIFFÉRENCE

Essaie un nouveau sport ou une nouvelle activité

- Escalade intérieure
- Taekwondo
- Yoga
- Boxe

Pige un geste

Tu veux faire la différence auprès de tes amis ? Ce jeu est très facile. Non seulement il est agréable à jouer, mais il vous aidera, tes amis et amies et toi, à mieux vous sentir.

Tu as besoin d'un petit sac de tissu ou d'un contenant, de carton, d'un marqueur et de ciseaux.

Découpe 16 rondelles de carton. Sur chacune, inscris un geste. Lorsque tu as terminé, dépose toutes les rondelles dans le sac ou dans le contenant.

Il existe deux façons de jouer à Pige un geste : avec des amis et amies ou en solitaire. Rassemble copains et copines. Chacun devra piger une rondelle et faire le geste qui y est inscrit.

Si tu joues seul ou seule, tu peux piger une rondelle en te levant le matin et essayer de faire ce geste autant de fois que possible pendant la journée.

Gestes

Faire un compliment à quelqu'un
Prendre une personne dans tes bras
Rendre service
Faire rire quelqu'un
Sourire toute la journée
Se faire un nouvel ami
Dire à quelqu'un qu'on l'aime
Aider une personne
Faire du ménage
Faire une activité physique
Lire un livre
Apprendre un nouveau mot
Manger des légumes
Manger des fruits
Devenir le chien de garde de l'énergie à la maison
Entamer une discussion avec une nouvelle personne

JE PEUX FAIRE LA DIFFÉRENCE À L'ÉCOLE

De la maternelle à la fin du secondaire, tu passeras en moyenne 17 290 heures à l'école. C'est sans compter l'université ou le cégep ! Ce qui te donne beaucoup de temps pour faire une différence à l'école, avec les copains et les copines.

Avec tous tes amis et tous les jeunes qui sont dans ta classe, tu trouveras beaucoup de moyens d'amasser de l'argent pour les organismes caritatifs, et tu pourras sensibiliser les gens qui t'entourent face aux situations injustes qui perdurent dans le monde, dont la pauvreté, la cruauté envers les animaux et les dommages causés à l'environnement. Plus le nombre de personnes concernées est grand, plus il est facile de changer les choses.

Qu'attends-tu ? Tu peux faire la différence !

Par où commencer?

Écris un petit mot gentil à un collègue de classe qui s'est levé du mauvais pied.

Deviens ami ou amie avec les gens de ta classe.

Entame une discussion avec un nouvel élève ou avec une personne qui semble seule.

N'accepte pas l'intimidation.

Inscris le nom de chaque étudiant de ta classe sur un morceau de papier et fais piger un nom à chacun. Chacun doit alors dire ou faire quelque chose de gentil pour la personne dont le nom a été pigé.

Demande aux membres de ta classe de communiquer avec des responsables de journaux, de stations de radio ou de télévision à propos d'un enjeu qui te préoccupe. Si plusieurs personnes se manifestent, ensemble, vous aurez plus de poids auprès des médias.

Démarre un club de financement.

FÊTE INTERNATIONALE

Il existe tant de moyens qui te permettront, ainsi qu'à ta classe, de faire la différence ! Tu peux recueillir de l'argent pour un organisme ou encore sensibiliser la population grâce à des activités amusantes comme une fête internationale. Chacun de tes collègues de classe doit piger le nom d'un pays différent, puis doit se rendre à l'école dans son costume national et apporter un plat typique de ce pays. Tu en apprendras plus sur les coutumes vestimentaires et les habitudes alimentaires de ces peuples.

Mais tu portes une jupe !

Ce n'est pas une jupe, c'est le costume national des Fidji et ça s'appelle un sulu.

Bonjour ! J'ai apporté des mets chinois. Veux-tu goûter un rouleau printanier ?

Merci ! Je ne savais pas trop quoi apporter… alors, j'ai apporté des blocs de glace !

Voici d'autres moyens ingénieux qui te permettront, ainsi qu'à tes collègues de classe, de faire la différence en amassant de l'argent pour ta cause préférée.

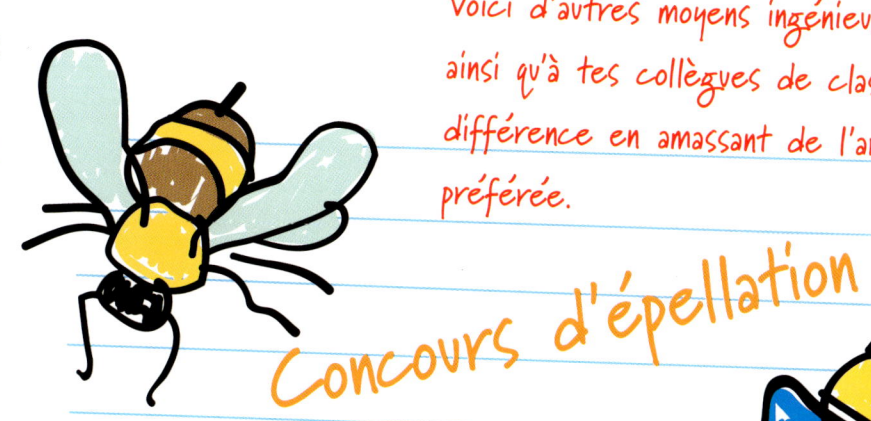

Concours d'épellation

Dons d'anniversaire

À l'occasion de leur anniversaire, les élèves demandent à leurs parents et amis de faire un don à un organisme, plutôt que de leur offrir un cadeau.

Marathon de lecture

Jeûne

Ne consomme pas de bonbons ni de malbouffe pendant une semaine et fais don de l'argent économisé à l'organisme de ton choix. Place des tirelires dans chaque classe pour que les élèves puissent y déposer leur petite monnaie.

Marchethon

Consulte les pages 45 à 49 pour obtenir davantage d'idées de financement.

UNE HEURE DE LUNCH DIFFÉRENTE

Pendant notre heure du lunch, pourquoi ne travaille-t-on pas à faire une différence?

Il commence à faire froid dehors… Ma mère m'a parlé des sans-abri qui ont besoin de couvertures pour l'hiver.

Je ne sais pas si nous avons beaucoup de couvertures en trop, mais je sais que nous avons des tonnes de restes de laine à tricoter à la maison.

Nous pourrions tricoter des carrés et les coudre ensemble afin de confectionner une couverture pour un sans-abri! C'est très *cool* comme *look* en plus!

Je ne sais pas tricoter.

Moi oui! Je vais t'appendre. C'est facile!

Tricote 81 carrés pour chaque couverture. Tu peux confectionner ta couverture à l'aide de carrés tricotés de laine à 8 et à 12 brins, puisqu'ils auront tous les mêmes dimensions. Utilise des aiguilles de 4 mm (pour la laine à 8 brins) et des aiguilles de 5,50 mm (pour la laine à 12 brins), ainsi qu'une aiguille à laine pour coudre les coutures.

Carrés de laine à 8 brins

À l'aide des aiguilles de 4 mm, monte 30 mailles.
Tricote des mailles à l'endroit (1 rang à l'endroit, 1 rang à l'envers) jusqu'à ce que ton carré mesure 13 cm du rebord monté, en terminant avec un rang à l'envers. Ferme les mailles.

Consulte la page 42 pour connaître la signification des termes et abréviations de tricot.

Carrés de laine à 12 brins

À l'aide des aiguilles de 5,50 mm, monte 24 mailles.
Tricote des mailles à l'endroit (1 rang à l'endroit, 1 rang à l'envers) jusqu'à ce que ton carré mesure 13 cm du rebord monté, en terminant avec un rang à l'envers. Ferme les mailles.

Couds les carrés ensemble pour former des bandes de 9 carrés. Couds les bandes ensemble pour confectionner la couverture.

Grâce à l'aide de tout le monde, nous avons maintenant des tonnes de carrés tricotés! Ma mère va les coudre ensemble et ajouter un endos.

Vraiment trop facile!

Ça fera une couverture super originale pour une personne nécessiteuse.

BOÎTES D'AMITIÉ

Une boîte d'amitié est toujours amusante, décorée et remplie de gâteries et de petits cadeaux. Tu peux l'offrir à des enfants qui n'ont pas autant de chance que toi.

Des enfants moins chanceux, il y en a dans ta ville, dans ton pays, mais aussi à l'autre bout du monde. Ils vivent dans des pays dévastés par la guerre, la pauvreté ou une catastrophe naturelle. Plus près de toi, ils peuvent être à l'hôpital de ta communauté, ou dans un refuge ou un orphelinat.

Tu as besoin d'une boîte avec un couvercle, comme une boîte à chaussures.

N'oublie pas qu'il s'agit d'un cadeau : tu dois donc y investir toute ta créativité. Tu peux peindre la boîte ou la recouvrir de papier d'emballage ou d'autocollants.

Choisis si tu l'offres à un garçon ou à une fille, et dépose à l'intérieur :
du matériel pour écrire : un carnet et des crayons de couleur ;
des articles de toilette : une brosse à cheveux ou une brosse à dents ;
un objet à câliner : un ourson ou une poupée ;
un vêtement : des chaussettes, une casquette ou un t-shirt ;
ce qu'il faut pour jouer : un jeu ou des cartes à jouer.

Enfin, écris une lettre qui ensoleillera la journée de cette personne. Tu peux aussi confectionner une carte pour le garçon ou la fille qui recevra ta boîte d'amitié.

Dans la boîte, ne dépose pas de nourriture ou quoi que ce soit qui peut couler, comme des piles, ni rien de coupant.

Tu peux confectionner autant de boîtes d'amitié que tu le désires. Il y aura toujours quelqu'un, quelque part à qui tu pourras faire plaisir avec un si beau cadeau.

Pour un garçon

CHOISIR UNE ORGANISATION CARITATIVE

Tu as cuisiné de succulents biscuits pour chien, tu as recueilli beaucoup de vêtements, tu as amassé de l'argent et tu souhaites en faire don à une bonne cause. Mais comment choisir cette cause ?

Il existe des centaines, voire des milliers d'organismes de toutes sortes qui font un travail extraordinaire, à l'aide de bénévoles, pour contribuer à améliorer le monde dans lequel nous vivons. Ils sont tous différents et ont tous des objectifs bien précis. Certains recueillent les animaux abandonnés, d'autres aident les enfants malades ou travaillent à la protection de l'environnement. Certains ont des bureaux aux quatre coins de la planète, d'autres sont au coin de chez toi.

Tu peux aussi choisir de donner directement à quelqu'un qui en a besoin. Par exemple, tu peux faire parvenir l'argent amassé ou les livres à une école ou à un orphelinat à l'autre bout du monde, ou encore organiser une corvée de nettoyage dans ton parc préféré.

Pour t'aider à trouver ta cause, discute avec ta famille ou avec ton professeur. Les adultes qui t'entourent t'aideront dans tes recherches et pourront te donner plus de renseignements sur les objectifs et les missions de plusieurs organismes. Peut-être auront-ils aussi des idées de financement à te suggérer !

Tu peux aussi aller sur Internet pour en apprendre plus sur une cause.

Toutes les causes sont bonnes, si elles sont honnêtes. Tu veux faire une différence autour de toi ? Il n'y a plus une minute à perdre !

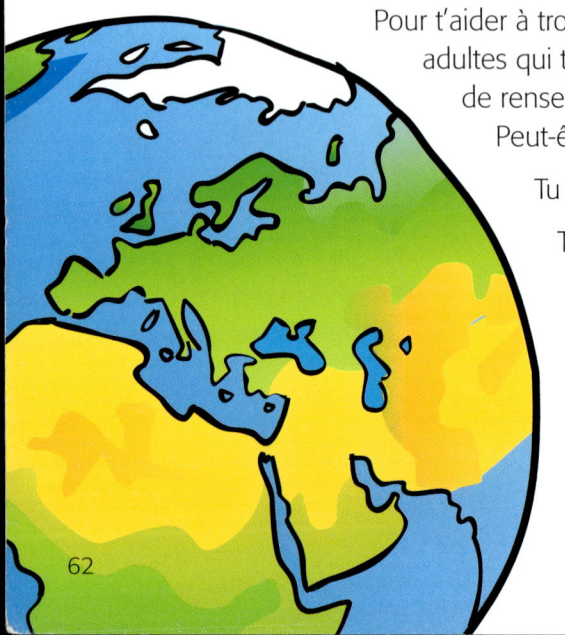

- N'ARRÊTONS JAMAIS DE RECYCLER !
- On y va mollo sur le papier hygiénique ! 
- De petits gestes… une grande différence ! 
- Lorsqu'il se repose… on économise de l'énergie 
- JE PEUX FAIRE LA DIFFÉRENCE 
- Les bons amis sont précieux 
- Sauvons la Terre… c'est la seule planète où l'on trouve du chocolat ! 
- N'en perds pas une goutte ! Vérifie les robinets ! 
- Il est difficile de trouver une bonne planète 
- Économise l'eau ! Prends de courtes douches. 
- Gardons nos océans propres ! 
- J'adore l'environnement ! 
- Plante un arbre ! 
- As-tu éteint la lumière ? 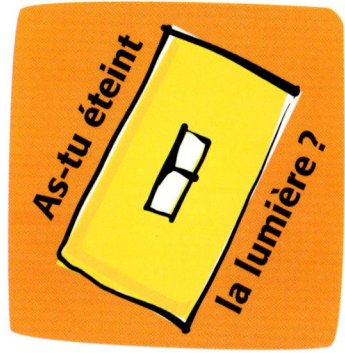
- Recycle tes appareils technologiques 
- Souriez !

JE PEUX FAIRE LA DIFFÉRENCE